SIYB

产生你的企业想法

GENERATE YOUR BUSINESS IDEA

一本为小企业家开发的培训教材

（第二版）

人力资源和社会保障部职业能力建设司
中国就业培训技术指导中心
组织编写

中国劳动社会保障出版社

图书在版编目（CIP）数据

产生你的企业想法 / 人力资源和社会保障部职业能力建设司，中国就业培训技术指导中心组织编写. —2 版. —北京：中国劳动社会保障出版社，2017
ISBN 978-7-5167-2954-0

Ⅰ. ①产… Ⅱ. ①人…②中… Ⅲ. ①企业管理 Ⅳ. ① F272

中国版本图书馆 CIP 数据核字（2017）第 043504 号

中国劳动社会保障出版社出版发行
（北京市惠新东街 1 号 邮政编码：100029）
*
中青印刷厂印刷装订 新华书店经销
890 毫米 ×1240 毫米 16 开本 4.75 印张 94 千字
2017 年 3 月第 2 版 2020 年 5 月第 1 次印刷
定价：25.00 元

读者服务部电话：（010）64929211/64921644/84626437
营销部电话：（010）64961894
出版社网址：http://www.class.com.cn

GYB 教材编审委员会

前言

党的十八大以来，我国通过实施一系列重大举措，极大地调动了广大人民群众的创业创新热情，新一轮的创业热潮正在蓬勃兴起。创业培训是培育劳动者创新精神、提高劳动者创业能力、实现个人发展和创造自身价值的重要途径，是激发劳动者创造力、推动大众创业万众创新的重要手段。

人力资源和社会保障部自 20 世纪 90 年代末开展创业培训以来，进行了积极探索，积累了有益经验。特别是与国际劳工组织合作，引进国际上比较先进的“创办和改善你的企业”（Start and Improve Your Business，SIYB）培训课程及技术，并将其本土化，深受广大创业者的欢迎和好评。近些年，我们顺应互联网创业新形势，又自主开发推广网络创业培训，实现创业培训技术的模式创新和持续发展，为推进大学生和返乡农民工就业创业发挥了积极作用。

为更好地落实促进就业创业的政策措施，帮助各地各部门有效地开展创业培训工作，我部职业能力建设司和中国就业培训技术指导中心组织创业培训专家，在“创办和改善你的企业”（SIYB）系列培训教材基础上，结合现阶段创业特点和实际情况，改版了这套《产生你的企业想法（Generate Your Business Idea，GYB）》创业培训教材，以更好地帮助创业者实现创业梦想。

通过课程的学习，创业者能够了解什么是企业想法，分析评估自己是否适合创办企业，通过掌握产生企业想法的方法产生很多企业想法，并从中筛选、分析出最适合自己的企业想法。

本教材主要包括五部分内容：

第一章：什么是企业想法

告诉你什么是企业，什么是企业想法，以及一个好的企业想法应当包括的四个要素。

第二章：你适合创办企业吗

通过自我评价练习，分析你的能力和经验，从而判断是否适合创业，以及你最适合创办哪类企业。

第三章：产生企业想法的方法

告诉你一系列产生企业想法的方法，帮助你完成由多个企业想法组成的企业想法一览表，为进一步筛选并分析你的企业想法奠定基础。

第四章：筛选并分析出最好的企业想法

认真分析并比较你产生的所有企业想法，通过四要素分析、实地调研、SWOT 分析、环境评估等方法来验证并筛选出最适合你的企业想法。

第五章：你自己的企业想法

总结自己的企业想法，帮助自己做出最后的决定。

本教材是在专家们的共同努力下完成的，尚虹老师和叶仁平老师完成了教材的改编。此外，贺东亮、冯卓、王西侠、刘凌、郑晓瑾、杨兴民、高爱兰、李颖等老师参与了审定工作，对教材改编提出了大量宝贵意见。此外，一些 SIYB 讲师也对教材改编工作给予了大力支持，在此一并表示感谢！

如本教材有不妥之处，还望大家谅解。在使用过程中有何问题请及时反馈，以便再版时进行订正。

人力资源和社会保障部职业能力建设司

中国就业培训技术指导中心

目　录

第一章　什么是企业想法

企业想法是用简短而精确的语言，对打算创办企业的基本业务所做的描述。一家成功的企业往往始于一个好的企业想法。在创办企业之前，你需要对你期望经营的企业有明确而具体的想法。

一家成功的企业既要向人们提供能够满足人们需要的产品或服务，又要为企业主带来利润。你的企业想法应当包括以下四个要素：

- 你的企业将销售什么产品或服务？
- 你的企业将向谁销售产品或服务？
- 你的企业将如何销售产品或服务？
- 你的企业将满足顾客哪些需要？

一、你的企业将销售什么产品或服务

你的企业想法应该基于你了解的产品或擅长的服务，而且必须是人们愿意付钱购买的产品或服务。分析各种企业想法，可以帮助你把注意力集中到你所了解的产品或擅长的服务上来。

产品指的是人们需要付钱购买的物品。它可能是你自己制作的东西，也可能是你进货之后再销售出去的东西，如椅子、面包、服装、皮包等都是产品。

服务指的是你为别人做了一些事情，他们愿意因此付钱给你，如擦鞋、快递、储蓄、修理自行车等。

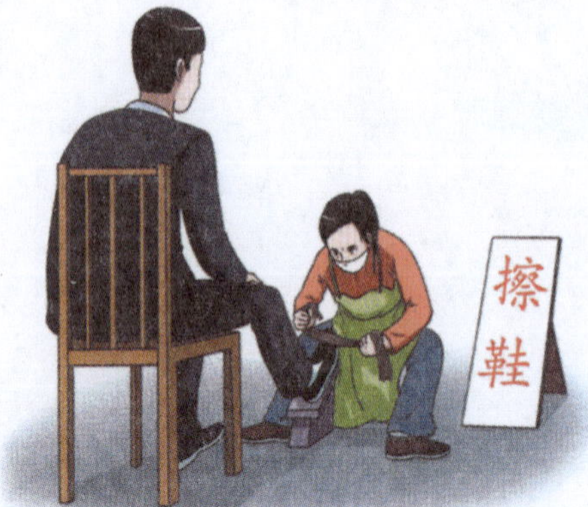

二、你的企业将向谁销售产品或服务

谁将购买你的产品或服务？顾客是企业生存的根本。清楚地了解你的潜在顾客很重要。你是向某一类特定的顾客销售，还是向一个地区的每一个人销售？除非有足够的人能够并愿意花钱购买你的产品或服务，否则你的企业将无法生存。

谁将是我的顾客？

三、你的企业将如何销售产品或服务

如果你打算开一家商店，这个问题并不复杂。但是，如果你是制造商或服务提供商，那么你可以采用很多不同的方法来销售你的产品或服务。你既可以直接向顾客销售产品，也可以向零售商销售产品。

四、你的企业将满足顾客哪些需要

如果你计划创办企业，你就应该始终想到顾客以及他们的需要。你在思考你的企业想法时，一定要清楚你的产品或服务能够满足顾客什么需要。当然，调查你未来的顾客想要什么是很重要的前提工作。

创办一家企业不是一件容易的事，需要做大量的工作并制订许多行动计划。如果你创办了一家不合适的企业，那么你在创办企业的过程中所付出的全部努力和投入的资金可能都会白费。

所有成功的企业都始于一个经过深思熟虑的好的企业想法。本教材将帮助你产生好的企业想法并分析这些想法，从中选择一个适合你且能使你的企业赢利的想法。

小结

所有成功的企业都始于一个经过深思熟虑的好的企业想法。如果你创办了一家不合适的企业，那么你在创办企业的过程中所付出的全部努力和投入的资金可能都会白费。

企业想法是用简短而精确的语言，对打算创办企业的基本业务所做的描述。

一个好的企业想法应当包括以下四个要素：

- 你的企业将销售什么产品或服务？
- 你的企业将向谁销售产品或服务？
- 你的企业将如何销售产品或服务？
- 你的企业将满足顾客哪些需要？

第二章　你适合创办企业吗

在思考企业想法之前，你要清楚地了解你是否适合经营一家自己的企业。下面请你做一项练习，它将帮助你了解一个成功的企业主应当具备的素质，并评价你是否具备创办和经营企业的能力与潜力。

一、自我评价练习

下面有 10 张表格，分别从 10 个方面对你创办和经营企业的能力进行评价。每张表格的 A 栏和 B 栏里各有一些表述，你要横向对比这些表述后进行选择。

- 如果 A 栏里的表述符合你的情况，请在 A 栏对应的空格里填写分值 2。
- 如果 B 栏里的表述符合你的情况，请在 B 栏对应的空格里填写分值 2。
- 然后分别将 A 栏和 B 栏里的分数相加，填入合计栏。

你在做自我评价练习时一定要诚实。这些练习只针对你个人，它将帮助你评价自己是否具有成功经营企业的技能、经验及素质。

1. 创办企业的动机			
A		B	
	在决定创办自己的企业之前，我有一份好工作。	在决定创办自己的企业之前，我没有一份好工作。	
	我从自己从事过的每一份工作中都学到了一些东西，我发现工作很有意思。	我工作只为挣钱。工作没有什么乐趣，我对工作兴趣不大。	
	我想让我创办的企业成为我的终生事业。	我想创业，是因为没有其他选择。	
	我想拥有一家企业，这样我就能够为我的家庭提供更好的生活方式。	我想创办企业是因为想取得成功。富人都有自己的企业。	
	我坚信，我创业成功与否更多地取决于自己的努力。	一个人不论做什么，要想成功都需要其他人的许多帮助。	
	合计	合计	

2. 风险承受能力			
A		B	
	我坚信，要在生活中前进必须冒风险。	我不喜欢冒风险，即便有机会得到很大的回报也是这样。	
	我认为风险中也蕴含着机会。	如果可以选择，我愿意以最稳妥的方式做事。	
	我只有在权衡利弊之后才会去冒风险。	如果我喜欢一个想法，我会不计利弊地去冒风险。	
	即使投入自己企业的资金亏掉了，我也愿意接受这样的现实。	投入自己企业的资金可能会亏掉，我难以接受这样的现实。	
	不论做什么事，就算我对这件事有足够的控制权，我也不会总是期待完全控制局面。	我喜欢完全控制自己所做的事情。	
	合计	合计	

3. 坚韧不拔和处理危机的能力			
A		B	
	即使面对极大的困难，我也不会轻易放弃。	如果做某些事会存在很多困难，那么我认为真的不值得为其去奋斗。	
	我不会为挫折和失败沮丧太久。	挫折和失败对我的影响很大。	
	我相信自己有能力扭转局势。	一个人能自己做的事情是有限的，运气起到很大的作用。	
	如果有人对我说“不”，我会泰然处之，并尽自己最大的努力改变他们的看法。	如果有人对我说“不”，我会感到很糟并放弃这件事。	
	发生危机时，我能保持冷静并找出最佳的应对办法。	当危机升级时，我会感到慌乱和紧张。	
	合计	合计	

4. 家庭支持			
A		B	
	我会让家人参与对他们有影响的企业决定。	我不会让家人参与对他们有影响的企业决定。	
	因为全身心地投入企业的创办和经营，使我不能花更多的时间和家人在一起，他们会理解我。	因为全身心地投入企业的创办和经营，使我不能花更多的时间和家人在一起，他们会感到不快。	
	如果我的企业最初不是很成功，并且给家人带来经济上的困难，他们愿意忍受。	如果我的企业最初不是很成功，并且给家人带来经济上的困难，他们会十分生气。	
	家人愿意帮助我克服企业遇到的困难。	家人可能不愿意或者没有能力帮助我克服企业遇到的困难。	
	家人认为我创办企业是个好主意。	家人对我创办企业感到担心。	
	合计	合计	

5. 主动性			
A		B	
	我不惧怕问题，因为问题是生活的组成部分，我会想办法解决每一个问题。	我认为解决问题很难。我害怕这些问题，或者干脆不想它们。	
	当我遇到困难时，我会尽全力克服困难。困难是对我的挑战，我喜欢挑战。	如果我遇到困难，我会试图忘掉它们，或等待其自行消失。	
	我不会等待事情的发生，而是努力促使事情发生。	我喜欢随波逐流并等待好事降临。	
	我总是尝试做一些与众不同的事情。	我只喜欢做我擅长做的事情。	
	我认为所有的想法可能都会有用，因此，我会寻求尽可能多的想法，并看其是否可行。	人会有很多想法，但是一个人不可能做所有的事情。我愿意坚持自己的想法。	
	合计	合计	

6. 协调家庭、社会和企业关系的能力			
A		B	
	在企业能够承受的范围之内，我从企业拿出钱来供我和家人使用。	我的家人需要多少钱，我就从企业拿出多少钱。	
	如果我的家人或朋友有经济困难，我只会用预留给我个人的钱来帮助他们。我不会从我的企业拿钱。	如果我的家人或朋友有经济困难，我将帮助他们，即使这样做可能会损害我的企业。	
	我不会把大量的时间花在与家人或朋友聚会等活动上而忽略我的企业。	我会优先考虑与家人或朋友聚会等活动，他们高于企业。	
	家人和朋友必须像其他顾客一样，为使用我的产品、服务或企业的资产付钱。	家人和朋友可以从我的企业得到特殊的好处。	
	我不会因为顾客是我的家人或朋友而允许其赊账。	我会允许我的家人或朋友赊账。	
	合计	合计	

7. 决策能力			
A		B	
	我能够轻松地做决定，我喜欢做出决定。	我发现做决定很难。	
	我能独立做出艰难的决定。	在做出艰难的决定之前，我会征求很多人的意见。	
	一旦需要做出决定，我经常能够很快地决定做什么。	我会尽可能长地推迟做出决定的时间。	
	在做出决定之前，我会认真思考并考虑所有可能的选择。	我凭感觉和直觉做出决定，我只知道眼下要做什么。	
	我不怕犯错误，因为我可以从中吸取教训。	我经常担心会犯错误。	
	合计	合计	

8. 适应企业需要的能力			
	A	B	
	我只提供顾客需要的产品或服务。	我只提供自己喜欢的产品或服务。	
	如果我的顾客想购买更便宜的产品或服务，我将想办法满足他们的需求。	如果我的顾客想购买更便宜的产品或服务，他们只能找其他企业。	
	如果我的顾客想赊购，我会想办法以最小的风险为他们提供赊购服务。	我不会向任何人赊销我的产品或服务。	
	如果将企业迁到其他地方生意会更好，我会选择这样做。	我不准备重新选择企业地点，我的企业在哪里，顾客和供货商就必须到哪里。	
	我将研究市场趋势，并力图改变工作态度和方法，以跟上时代的发展。	最好按照我已经知道的方法去工作，跟上时代的发展太难了。	
	合计	合计	

9. 对企业的承诺			
	A	B	
	我善于在压力下工作，我喜欢挑战。	我不善于在压力下工作，我喜欢平静和轻松。	
	我喜欢每天工作很长时间，我不介意占用业余时间。	我认为工作以外的时间很重要，人不能长时间工作。	
	我愿意为创办和经营自己的企业而减少与家人或朋友在一起的时间。	我不愿意为创办和经营自己的企业而减少与家人或朋友在一起的时间。	
	如果需要，我可以把社交活动、休闲娱乐和业余爱好放在一边。	我认为在社交活动、休闲娱乐和业余爱好上多花时间是很重要的。	
	我愿意非常努力地工作。	我愿意工作并做必须做的事情。	
	合计	合计	

10. 谈判技巧			
A		B	
	我喜欢谈判，并且经常在不冒犯任何人的情况下达到目的。	我不喜欢谈判，按照别人的建议去做更容易。	
	我与别人沟通得很好。	我与别人沟通有困难。	
	我能够尊重别人的观点和选择。	我一般对别人的观点和选择不感兴趣。	
	谈判时，我会考虑什么对自己有利，什么对别人有利。	如果参加谈判，我更愿意作为一名听众，旁观事态的发展。	
	我认为在谈判中达到目的的最好方法是努力寻找一个使双方都受益的方案。	因为企业是我的，所以我的意见最重要。谈判中总有一方会失败。	
	合计	合计	

通过做上面的练习，你能够从 10 个方面评估你在创办和经营企业方面的强项和弱项。很多人不适合自己创办企业，他们具备其他能力和素质，而这些能力和素质使其更适合做医生、秘书、艺术家、技师或教师等。做完上面的练习后，请分别将上面每张表格中 A 栏和 B 栏的合计分数填入下表中。

- 如果你 A 栏得分为 6~10 分，说明你在这些方面的能力和素质是强项，请在“强”下面的对应框中画“√”。
- 如果你 A 栏得分为 0~4 分，说明你在这些方面的能力和素质不太强，请在“不太强”下面的对应框中画“√”。
- 如果你 B 栏得分为 0~4 分，说明你在这些方面的能力和素质有点弱，请在“有点弱”下面的对应框中画“×”。
- 如果你 B 栏得分为 6~10 分，说明你在这些方面的能力和素质是弱项，请在“弱”下面的对应框中画“×”。

自我评价结果汇总表

能力 / 素质	A	强（6~10 分）	不太强（0~4 分）	B	有点弱（0~4 分）	弱（6~10 分）
1. 创办企业的动机						
2. 风险承受能力						
3. 坚韧不拔和处理危机的能力						
4. 家庭支持						

续表

能力 / 素质	A	强（6~10 分）	不太强（0~4 分）	B	有点弱（0~4 分）	弱（6~10 分）
5. 主动性						
6. 协调家庭、社会和企业关系的能力						
7. 决策能力						
8. 适应企业需要的能力						
9. 对企业的承诺						
10. 谈判技巧						
总分		—	—		—	—

- 如果你 A 栏总分为 50 分或更高，就说明你具有一个优秀企业主所应具备的各项能力和素质。
- 如果你 B 栏总分为 50 分或更高，就说明你需要对自己的弱项加以改进，将弱项转变为强项。

如果你缺乏创办企业必备的能力和素质，你可以通过以下途径加以改进：

- 与企业人士交谈，向他们学习。
- 参加一个创办企业或经营企业的培训班，接受相关培训。
- 做一名成功企业人士的助手或学徒。
- 阅读一些可以帮助你提高企业经营技巧的书籍。
- 阅读网络及报刊上关于企业的文章，思考这些企业的问题以及它们解决问题的方法。
- 找一个能与你取长补短的合伙人一起创办和经营企业，而不是完全依靠自己去创办企业。

面对创办和经营企业，人们常常没有太多的经验或实践。因此，即使上表中你 B 栏总分很高也没有关系，你可以再做一遍这个自我评价练习，并尽力理解 B 栏里描述的态度和素质是如何影响企业创办与经营的，同时在日常工作中应用 A 栏里描述的能力和素质开发你作为企业家应具备的能力和素质。例如：

- 练习讨论某种情况或某个想法的利弊。
- 制订未来计划，增强你的创业动机。
- 向成功企业人士学习，并知道你的成功极大地取决于自己的努力。

- 提高思考问题、评价问题以及应对风险的能力。
- 学习并思考如何更好地处理危机局面。
- 与家人讨论经营企业的困难并说服他们支持你。
- 要多接受别人的观点和新的想法。
- 遇到问题时要分析问题的前因后果，并提高自己从错误中吸取教训的能力。
- 加强你对工作的投入，并且要认识到，只有努力工作才能获得成功。

在下面的行动计划表中填上你将弱项转变为强项的具体打算。

练习

我的能力和素质弱项	我将如何在这方面提高

二、分析你的技能和经验

你的工作经验、技术能力、企业实践经验、爱好、社会交往和家庭背景等对于你的企业成功都是很重要的因素。

例如，白蕾娜女士做了很多年的家政服务员，她学会了烹饪、插花和安排晚宴。她可以利用这些经验创办一家家政服务企业。

贾平辛先生常常帮助他的叔叔修理家用汽车，他擅长修理火花塞和电气装置。他可以利用他的维修技能创办一家汽车维修店。

马丽丽小时候每逢周末都到她父亲的商店里帮忙。她帮着订货、记账和上货，特别喜欢卖东西给顾客。她可以利用这些经验创办一家小商店。

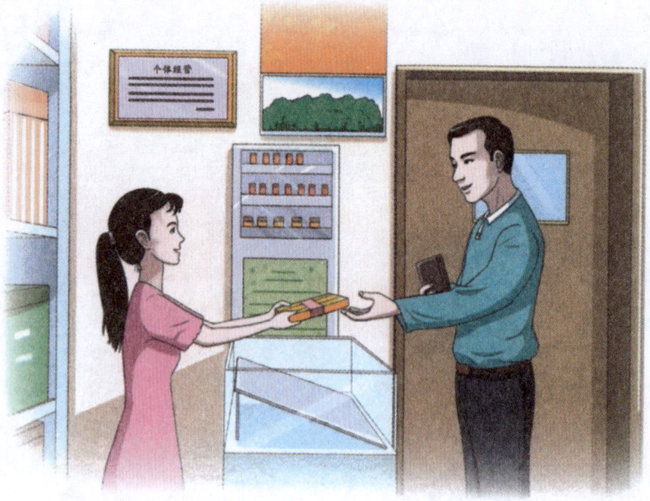

马成达先生上学时，擅长给课文或故事配插图，所以老师经常让他画黑板报。他也为朋友设计过一些商店标识，还在自己居住的小镇上为一些活动画过宣传海报。他可以利用他的美术设计技能创办一个设计工作室。

你也许在你家附近做过很多杂活，如种菜、烹饪、照看孩子、跳舞、修机器、洗衣服、缝纫等，这些工作都可以成为你的企业想法。

你的兴趣和爱好也可以给你带来很多创办新企业的想法。讲故事、画画、钓鱼、听音乐、踢足球、制作糕点等，这些爱好都可以转变成企业想法。

练习

在下面的横线对应处写出你能够想到的所有事情，越多越好，即便这些想法乍看上去很奇怪或不切实际。好的企业想法往往源于异想天开！

我的技能——我擅长做以下事情：

1. ____________________

2. ____________________

3. ____________________

4. ____________________

5. ____________________

我的兴趣——我喜欢做以下事情（包括我的爱好）：

1. ____________________

2. ____________________

3. ____________________

4. ____________________

5. ____________________

我的经验——我有以下工作或教育经历（列出工作、教育与培训、社会实践经历）：

1. ____________________

2. ____________________

3. ____________________

4. ____________________

5. ____________________

我的社会关系——我认识以下这些在企业中工作的人，他们可以提供信息、建议或帮助（说明他们的职位）：

1. ____________________

2. ____________________

3. ____________________

4. ____________________

5. ____________________

你可能有很多技能、兴趣、经验和社会关系，这些都能够帮助你规划和创办企业。当你想到其他一些技能、兴趣、经验和社会关系时，随时回来加到这张单子里。

三、你最适合创办哪类企业

当你决定要创办企业时，你会发现要选择一个合适的项目或行当来做，十分困难。因为可以做的行当太多，你无从下手。

其实，企业的分类方式有很多种，可以按产业分类，可以按社会属性分类，可以按企业规模分类，还可以按企业生产经营特征分类。如果按企业生产经营特征分类，企业的类型主要有以下四种：

- 贸易企业。
- 制造企业。
- 服务企业。
- 农、林、牧、渔企业。

1. 贸易企业

贸易企业从事商品的买卖活动，它们从制造商或批发商处购买商品，再把商品卖给顾客和其他企业。其中，零售商从制造商或批发商处购买商品转卖给顾客；而批发商则是从制造商处购买大量的商品，然后再小量转销给零售商。例如，蔬菜、水果、文具、日用品等的批发中心都是批发商。

2. 制造企业

制造企业是使用原材料生产制作实物产品的企业。如果你利用皮革、布料、木材、水果等原料开设制鞋厂、服装厂、家具厂以及水果罐头加工厂，那么你拥有的就是一家制造企业。

3. 服务企业

服务企业是提供某项特定服务或多项服务活动的企业，如房屋装修、邮件快递、餐饮服务、家政服务、法律咨询、技能培训等行业内的企业都是服务企业。

4. 农、林、牧、渔企业

农、林、牧、渔企业是利用土地或水域资源进行生产的企业。这类企业可以是种植蔬菜或水果的企业，也可以是养殖家禽或水产的企业。

练习

你对于哪类企业的经验最丰富？

你拥有与哪类企业相关的技能最多？

你是愿意和很多人一起工作，还是更喜欢自己独立工作？

你是擅长动手的工作，还是更喜欢与人打交道的工作？

你是喜欢在户外工作，还是喜欢坐在办公室里工作？

考虑一下上述问题，然后选择你喜欢的企业类型并在相应的□内画“√”。

□贸易企业

□制造企业

□服务企业

□农、林、牧、渔企业

请写下你选择这种企业类型的原因。

记住：你可以随时返回来重新思考上述问题并做出不同的决定。

小结

在你开始思考企业想法之前，你要了解自己是否具备创办和经营企业所需要的技能、经验和素质。你还应该明确哪种企业类型最适合你。

你要做自我评价练习，以便清楚地了解自己是否具备成功创办和经营企业所需要的技能、经验和素质。你必须了解自己是否：

- 很投入地创办和经营自己的企业？
- 准备好承担可能预见的风险？
- 愿意在遇到困难的情况下继续坚持下去？
- 能够处理危机局面？
- 准备好把各种事情控制在自己的手中？
- 能够自己做出艰难的决定？
- 能够在压力下工作？
- 能够快速适应企业所发生的变化？
- 能够将家庭义务和企业责任分开？
- 能够得到家庭的全力支持来创办企业？

如果你发现自己缺乏成功企业主的某些基本素质，你可以通过如下方式开发这些方面的素质：

- 练习讨论某种情况或某个想法的利弊。
- 制订未来计划，增强你的创业动机。
- 向成功企业人士学习，并知道你的成功极大地取决于自己的努力。
- 提高思考问题、评价问题以及应对风险的能力。
- 学习并思考如何更好地处理危机局面。
- 与家人讨论经营企业的困难并说服他们支持你。
- 要多接受别人的观点和新的想法。
- 遇到问题时要分析问题的前因后果，并提高自己从错误中吸取教训的能力。
- 加强你对工作的投入，并且要认识到，只有努力工作才能获得成功。

你必须明白自己是否具有创办和经营企业所需要的能力和经验。你的工作经验、技术能力、企业实践经验、爱好、社会交往和家庭背景等对于你的企业成功都是很重要的因素。

如果发现自己缺乏创办企业必备的经验和能力，可以通过如下方法来加以改进：

- 与企业人士交谈，向他们学习。
- 参加一个创办企业或经营企业的培训班，接受相关培训。
- 做一名成功企业人士的助手或学徒。
- 阅读一些可以帮助你提高企业经营技巧的书籍。
- 阅读网络及报刊上关于企业的文章，思考这些企业的问题以及它们解决问题的方法。
- 找一个能与你取长补短的合伙人一起创办和经营企业，而不是完全依靠自己去创办企业。

你应该考虑自己最适合哪种企业类型。企业类型主要有四种：贸易企业、制造企业、服务企业和农、林、牧、渔企业。作为一名企业主，每种类型的企业都会向你提出不同的挑战。你选择的企业类型将在很大程度上决定你的工作方式。

- 是从事动手的工作，还是更多地与人打交道？
- 是经常在户外工作，还是更多地坐在办公室里工作？
- 主要是自己独立工作，还是与其他人合作？

永远记住：不是所有的人都适合创办企业，也许你有其他方面的能力和素质，而这些能力和素质使你更适合做医生、秘书、艺术家、技师或教师等，你可以寻求其他就业方式。

第三章　产生企业想法的方法

或许你已经有了一个企业想法，这是一个很好的征兆，表明你已经投入到创办企业的工作中，并且已经开始“思考”工作。但是你应该注意，不要过于坚持自己的第一个想法。机会有很多，第一个想法可以引出更多更好的想法。

在产生企业想法时，应尽力打开自己的思路。你的第一个目标是想法越多越好，然后把你能够想到的所有企业想法列在一张单子上。

你可以通过如下技巧激发你的企业想法：

- 头脑风暴法。
- 调查你准备创业地区的企业情况。
- 调查你准备创业地区的环境。
- 利用经验。
- 利用互联网。

当你应用上述技巧时，你可以寻求家人的支持和帮助，还可以利用你的社会关系网。

一、头脑风暴法

1. 一般头脑风暴法

头脑风暴法是打开你的思路并帮助你产生很多不同想法的方法。最初，你可以从一个词语或一个题目开始，将进入自己脑海中的所有想法都写下来。你可以一直写下去，能写多少就写多少，即便某些想法乍看上去很奇怪或不切实际。好的企业想法往往源于异想天开！

与别人一起使用头脑风暴法的效果最好，当然你也可以试着自己一个人做。很多大企业会利用这种方法激发有关新产品的想法。

例如，李辛海先生正和他的三个朋友一起用头脑风暴法寻找企业想法。李辛海先生在一家家具厂做了多年的木匠，因此，他们从“木头”这个词开始想起。起初，有关木头的企业想法产生得很慢，但很快他们就发现了许多可能性。

练习

自己做一些头脑风暴法的练习。

1. 从任意一个词语开始，如旅游、吃饭等，记下浮现在你脑海中的所有想法，一直记下去，直到你没有想法为止。

----

2. 现在返回去，看一看你写下的这些有关企业想法的词语，想一想，其中哪些企业想法是自己可以去做的，用“*”将这些词语标记出来。

3. 即使你没有发现自己喜欢的企业想法，这项练习对于帮助你打开思路并用新的方法思考问题仍然是很有用的。现在挑选另一个词语，并在另一张纸上写下与该词语有关的所有产品。你越是经常使用头脑风暴法，就越能更好地掌握它的用法。

2. 结构性头脑风暴法

结构性头脑风暴法让你从一个特定的产品开始，然后沿着“四条线”的方向尽力想出所有相关的企业。

➢ **制造线**——与该产品制造相关的企业。

- 销售线——与该产品销售相关的企业。
- 服务线——与该产品服务相关的企业。
- 副产品线——与该产品的副产品间接相关的企业。

这种方法可以用下图来说明。

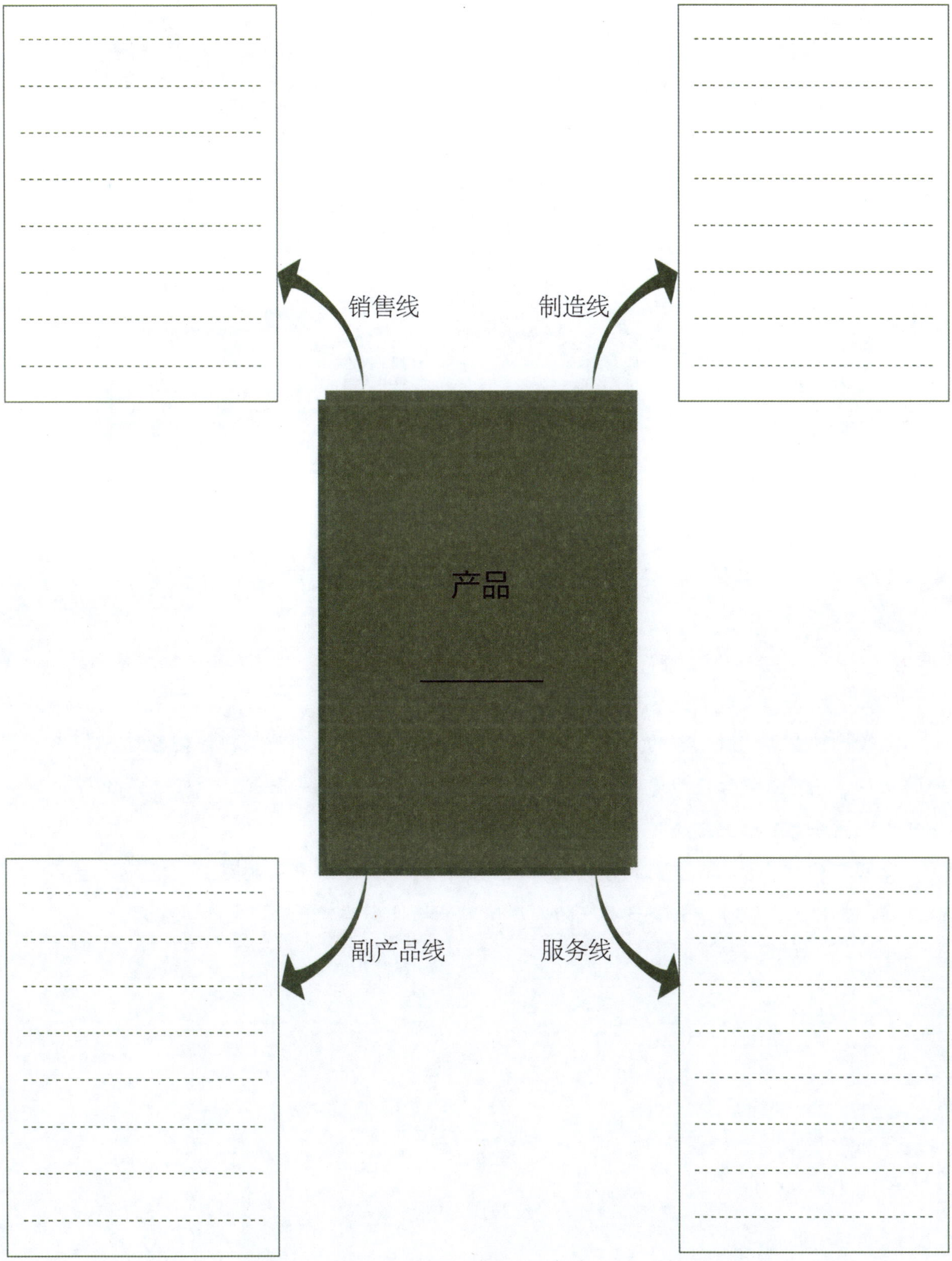

你可以一直想下去，直到不再有新的想法为止。同样，不论你想起什么都应该将其写下来，以后再确定这个想法是否有价值，是否可行。通过下面纯棉T恤衫的例子，你会对结构性头脑风暴法的内容有更深入的理解。

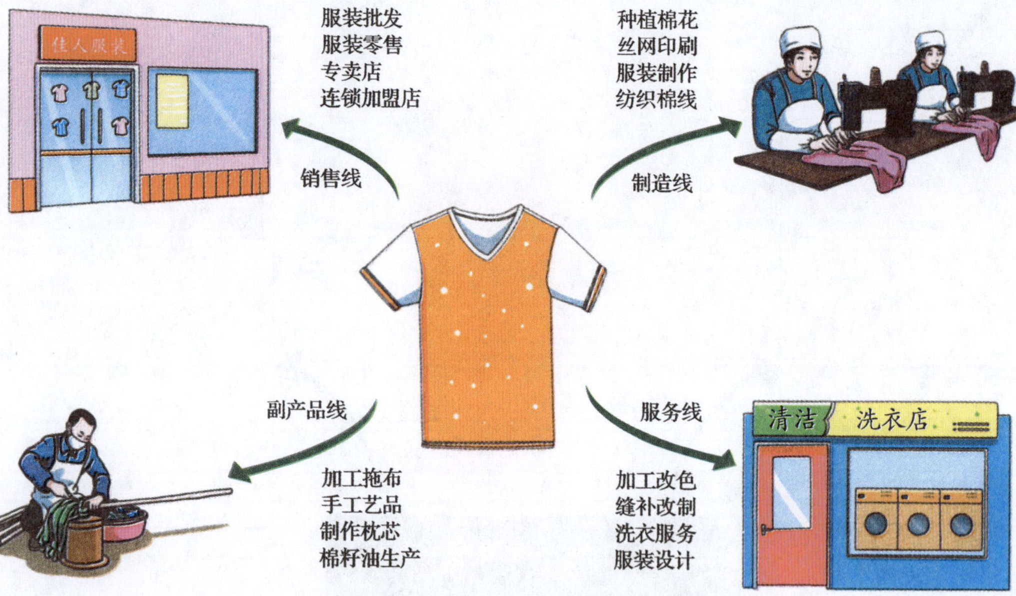

练习

现在，你要尝试做一些结构性头脑风暴法的练习。

选择一种自己稍微了解的产品，既可以是你通过培训想到的产品、你接触过或有兴趣的产品，也可以是你已经考虑好的关于自己计划创办企业的一种产品，或者是你与准备创业地区成功企业主交谈时了解到的一种产品。

使用下面的图形，在中间的方框里写出你选择的产品以及有关的企业领域，然后按制造线、销售线、服务线和副产品线的顺序使用结构性头脑风暴法产生企业想法。

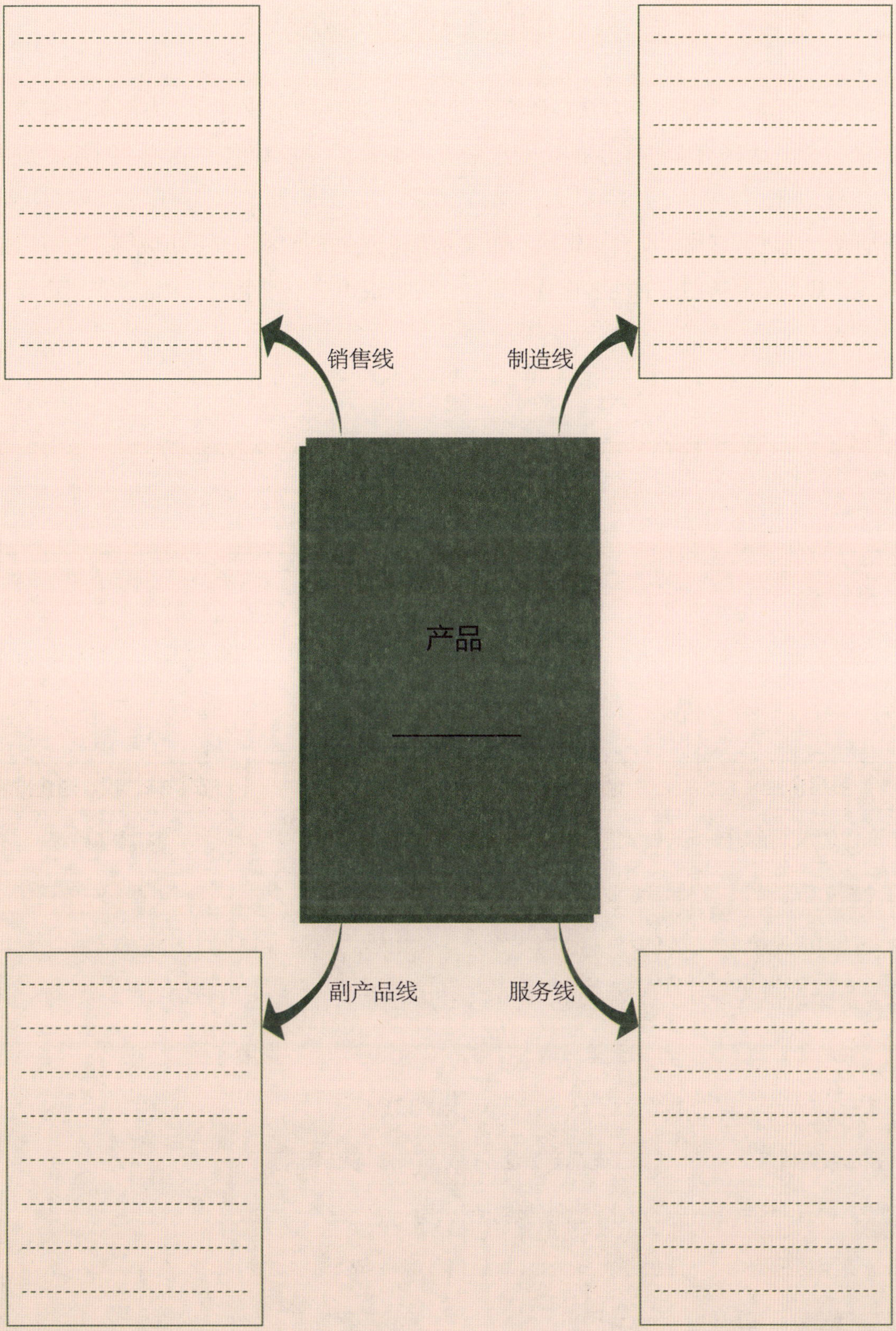

这项练习你做多少次都行，每次都可以从不同的产品开始，每次换一张画有上面图形的新纸来做。

二、调查你准备创业地区的企业情况

另一个产生企业想法的好办法是调查你准备创业地区的企业情况，去那里看看，了解一下你准备创业地区有哪些类型的企业已经开办起来，并看看你在市场中能否找到生存空间。

与朋友一起进行这项活动会更轻松。如果你准备创业的地区是一个小城镇，你可以走遍整个城镇；如果你准备创业的地区在城市里，你可以走访这个城市的工业区、农贸市场和商业区等。

陈君女士的经验（一）

陈君女士计划在东平镇创业，她试图找到一个好的企业想法。她调查了东平镇的工业区、农贸市场和商业区，收集到东平镇的企业情况，制作了一张东平镇现有企业一览表。

东平镇现有企业一览表

贸易企业	制造企业	服务企业	农、林、牧、渔企业
5个路边水果蔬菜摊 3个路边服装摊 4个路边小商摊 2家家具销售店 2个加油站 8家杂货店 1家服装鞋帽店 3家建材五金经销店 5家农用物资店 2家电器商品和配件店	11家家具和木制品制造企业 1家金属加工厂 2家裁缝店 1家坐垫和墙上挂件制造企业 1家工艺品制造企业 2家水泥预制板制造企业 5家砖厂 3家大米加工厂	1家门诊部 2家储蓄所 3家汽车、摩托车修理店 3家电子产品、家用电器修理店 1家建筑和清洁服务公司 1家保安公司 1家设备租赁店 2所小型幼儿园	16个家禽养殖场 8个小型奶牛养殖场 15个蔬菜种植户

续表

贸易企业	制造企业	服务企业	农、林、牧、渔企业
2家农机店	1家调味品制造厂	2家运输公司	
1家文具店	2家面包店	3家路边餐馆	
2家药店	2家建筑承包企业	5家固定餐馆	
3个肉摊		2个自行车修理铺	
2家小超市		2家旅馆	
1家饲料、肥料和农产品批发店		2家复印社	
1家日用百货批发店		1家修鞋修伞店	
1家粮食批发店			

根据调查结果，陈君女士对东平镇做出以下评价：

- 人们购买服装只能去1家小服装店和3个路边服装摊，每次花的钱不多，当地没有高档、休闲服装商店。
- 农业是该地区的支柱产业，主要经济活动也都围绕农业展开。
- 现在来东平镇观光的人多了，因而餐馆比较多。
- 东平镇年轻人的数量比较多，有好几所幼儿园。
- 现在东平镇还是一个发展中的城镇，因而有很多建筑承包企业和建材供应企业。

在分析评价的基础上，陈君女士列出了东平镇潜在企业一览表，而这些可能就是很好的创业机会。

东平镇潜在企业一览表

贸易企业	制造企业	服务企业	农、林、牧、渔企业
儿童玩具店	针织品厂	广告代理公司	
儿童服装店	儿童玩具厂	宴席承办公司	
高档服装店	陶器制作企业	美容店	
家居用品店	珠宝首饰加工企业	殡葬服务公司	
工艺品和古玩店	镜子制作企业	电影院	
便宜时装店	地毯制作企业	职业中介公司	
书店	皮革制作企业	眼镜店	
珠宝店	蜡烛制作企业	垃圾回收与处理企业	
针织品店	糖果制作企业	家教公司	
运动商品店		快餐服务公司	
乐器店		老人和病人家庭护理机构	
		室内装饰公司	
		婚纱和礼服租赁店	
		快递服务站	

练习

针对你准备创业的地区，按照以下步骤收集、分析现有企业的信息，从而挖掘出潜在企业的信息。

1. 在你准备创业的地区走一走，用下面的表格记录下不同类型的企业，统计每种类型的企业有多少家。例如，数一数报摊、杂货店、加油站、房地产中介公司、裁缝店、餐馆等的数量。

准备创业地区现有企业一览表

贸易企业	制造企业	服务企业	农、林、牧、渔企业

2. 研究这张现有企业一览表，尽量找出以下问题的答案：

- 哪些企业多？哪些企业少？为什么会出现这样的情况？
- 关于你准备创业地区居民的消费方式和当地市场情况，你能够从现有企业一览表中获得什么信息？至少写出 5 种你对当地市场的看法。

------

3. 潜在企业还有发展余地吗？你认为自己还有创业机会吗？在下面的表格中写出你准备创业地区的潜在企业。

准备创业地区潜在企业一览表

贸易企业	制造企业	服务企业	农、林、牧、渔企业

4. 把潜在企业一览表放在一边，第二天再来看看这张表。运用你掌握的头脑风暴法分析一下你准备创业地区的居民还有哪些需求，还有哪些企业没有在这张表中列出。在第 43 页“我的企业想法一览表”中写下所有可能的想法。

三、调查你准备创业地区的环境

你需要发挥自己的创造力，在你准备创业的地区发现更多需求，从而产生更多的企业想法。再来看看当地现有企业一览表，如果表中的企业已经涉及大部分当地市场，你可以从中看出当地经济的发展依赖于哪些行业。

陈君女士准备创业的东平镇是一个以农业为主的小城镇，它向周边很多小村庄提供服务。也许你准备创业的地区经济发展以矿业、渔业、工业或旅游业为主，也许你准备创业的地区有许多教育机构或公共服务机构，这些机构雇用了很多员工。

分析你准备创业地区的所有资源和机构，这有益于你运用头脑风暴法获得好的企业想法。例如，你可以考虑调查以下信息：

- 自然资源。
- 居民的能力和技能。
- 机构。
- 工业。
- 进口替代品。
- 出版物。
- 商品展销会。

1. 自然资源

你可以调查你准备创业的地区有哪些丰富的自然资源，并分析可以利用这些自然资源来制作哪些有用的产品，而制成产品的过程又不会破坏环境。自然资源主要包括土地、农业、森林、矿物、沙漠以及水中的材料。

例如，你准备创业的地区有品质很好的黏土，可以用来制砖，或是制作盘子、瓷杯等。

2. 居民的能力和技能

你可以调查一下你准备创业地区的居民是否具有企业所需要的某些特殊技能？

例如，如果你计划开一家木制工艺品店，你就需要调查一下你准备创业的地区有没有手艺很好的雕刻工或木匠。

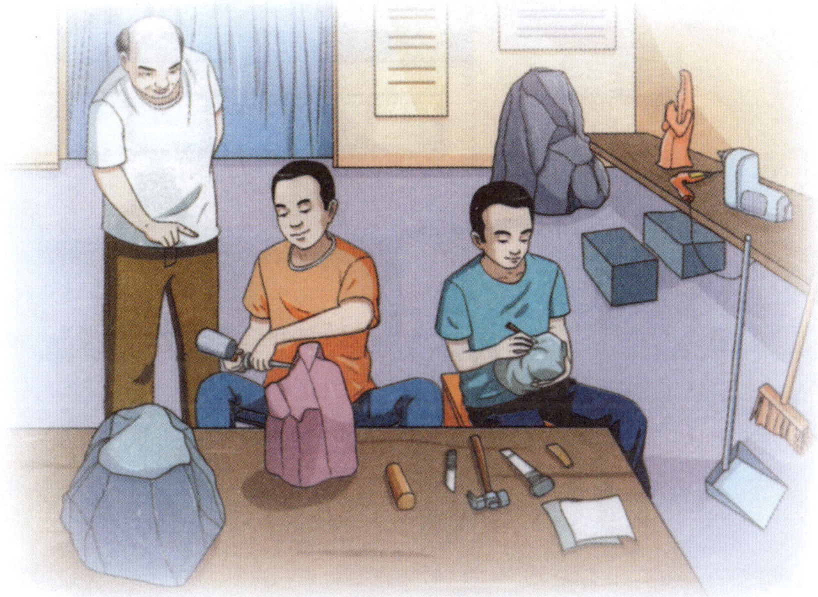

如果你计划开一家护理机构，你就需要调查一下你准备创业的地区有没有人能为老人或病人提供看护服务。

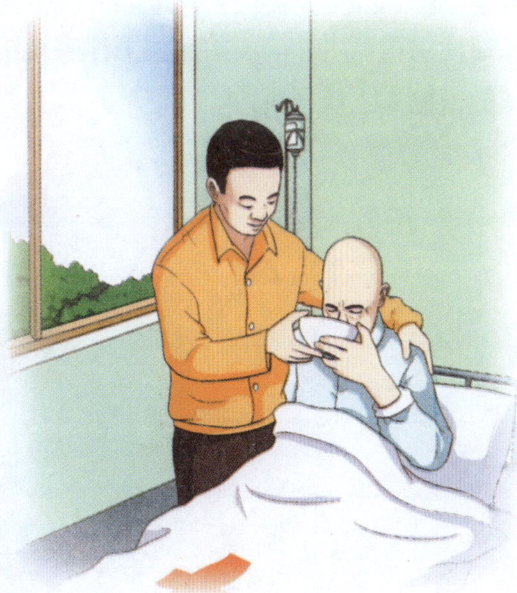

3. 机构

你可以调查你准备创业的地区有没有学校、医院或政府机构。你认为哪些企业能够为这些机构服务？这些机构可能有诸如维护、清洁之类的需求，它们也许还需要文具、家具、清洁用品、食品或纸张等物资。一家机构可能就是一个大客户，你可以去了解一下它们从哪里购买产品或服务，以及它们对现有的产品或服务是否有不满意的地方。

4. 工业

你可以调查你准备创业的地区有哪些规模较大的企业，这些企业可能愿意将它们的部分业务委托给其他企业去做，你可能有机会获得这些业务。例如，一家建筑公司也许会将它们正在建造的房屋内外墙面的油漆工作委托给其他企业去做。你可以到建筑工地去看看，并与那里的相关人士谈一谈。

5. 进口替代品

你仔细地想一想，有哪些进口产品可以在你准备创业的地区生产？如果你要在大城市创业，你可以向海关咨询进出口关税的相关政策和信息，并从海关那里获得列有产品进出口关税的文件。仔细分析一下你获得的文件，进口关税高的产品或许值得在国内生产。

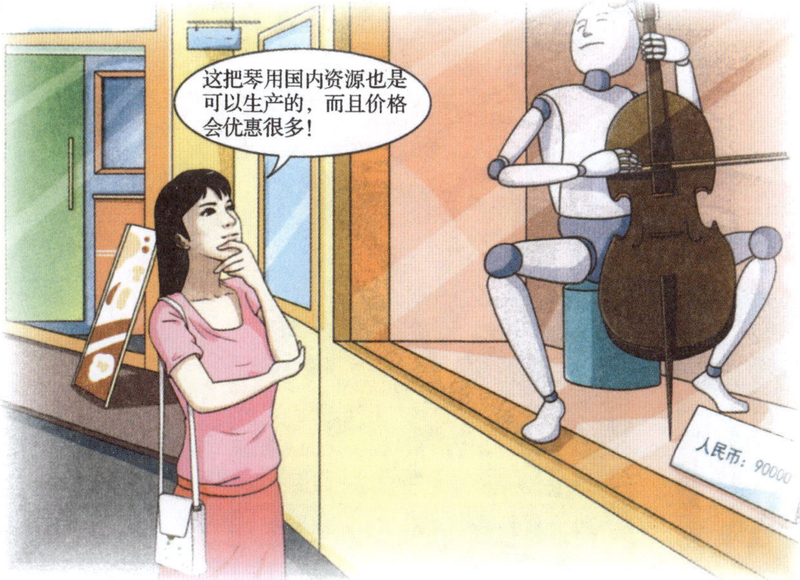

6. 出版物

你可以到当地图书馆的报纸或期刊阅览室查看产品目录、商业期刊等，从中发现一些有用的信息，从而产生你的企业想法。例如，你也许会找到一些当地市场上见不到的产品照片，这些照片可以给你一些启发；报纸里通常会介绍当地企业或产品的情况，你也可以从中找到灵感。此外，分类广告、一些有关发展趋势和其他地区不同企业的文章同样会帮助你产生想法。

7．商品展销会

一些机构举办的商品展销会，你可以到那里看看，这些商品展销会上的信息也许可以帮助你产生企业想法，你要尽可能多地参加各类商品展销会。

练习

你需要投入一些时间，认真看看你准备创业地区的环境，并且按照以下内容逐条记录。

环境	企业想法
1．自然资源	
2．居民的能力和技能	

续表

环境	企业想法
3. 机构	
4. 工业	
5. 进口替代品	
6. 出版物	
7. 商品展销会	

当你花时间分析了你准备创业地区的环境之后，再到别处走走。环境的变化和新的经历会帮助你产生新的想法。

看一看这项练习中提出的企业想法，将合适的新想法写在第 43 页“我的企业想法一览表”中。

四、利用经验

1. 你自己的经验

看看第 17 页中你填写的“我的经验”和“我的社会关系”。你通过分析自己过去的经历，能否产生一些企业想法？分析每一种经历时，你可以使用头脑风暴法。

此外，你也可以把自己当作一名顾客进行思考，你在购物过程中有过哪些经历？是否曾经用了一整天的时间寻找某种商品但在哪里都找不到？你可以想一想自己有没有非常需要但又很难找到的产品或服务。

2. 别人的经验

你要认真倾听别人的诉说，他们都是潜在顾客。

你可以问问你的家人和朋友的经历。你要扩大你的社会交往范围。与你不熟悉的人聊一聊，他们也许是老年人，也许是青少年，也许是来自不同民族或社会阶层的人。如果你是一名女性，可以尝试着与男性谈谈；如果你是一名男性，可以尝试着与女性谈谈。你也可以去不同的场所看看，与别人多聊聊。

问问大家，他们在寻找需要的产品或服务时遇到过哪些问题或者有哪些不愉快的经历。你可以将这些问题或者不愉快的经历记录下来，这些很可能会帮助你产生很多好的企业想法。

以下是大家遇到过的一些例子：

- 我找不到适合我的自行车车筐。
- 商店里锅的品种太少。
- 没有供妇女进行社交活动的茶室或其他公共场所。
- 没有一个快捷的办法把礼品包裹寄给我在乡村住的朋友和亲戚。
- 这个城镇里的娱乐场所太少，周末太无聊了。
- 在这个城镇里我找不到一名专业的房屋粉刷工。
- 本地服装店的售货员特别粗鲁，他们好像对顾客不感兴趣。
- 这里的诊所真的没有存在的必要了，他们连药都没有。
- 单位附近没有餐厅或咖啡店，有时候很难买到食品或饮料。
- 周围没有维修店，一旦机器坏了，很难迅速得到维修服务。

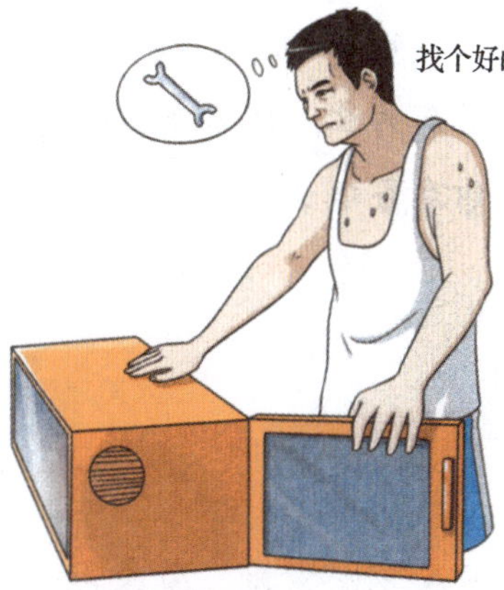

练习

在下面的表格里记下你作为顾客与企业打交道的经历，并记下你听到的别人作为顾客的经历。从这些经历中发现顾客的需要，产生你的企业想法，并记录下来。

经历	企业想法

把所有你认为能够成功的新想法或可能的企业机会加在第 43 页“我的企业想法一览表”里。到目前为止，如果在你的企业想法一览表里还是没有很多想法，你可以返回去再一次调查你准备创业地区的企业情况和环境。

五、利用互联网

随着科学技术的不断发展，你会发现互联网已经和我们每个人的联系越来越紧密。互联网提供了各种关于企业和顾客的信息，这些信息为你产生企业想法提供了一个非常好的平台。下面介绍几种利用互联网搜索相关信息进而产生企业构思的简单方法。

- 你可以到一些 B2B（Business-to-Business，企业对企业）网站上看一看。这样的网站上往往会有很多企业对各种产品或服务的求购信息，这些求购信息可以帮助你发现市场需求。
- 你也可以利用 B2C（Business-to-Customer，企业对顾客）网站。这些网站上有数量众多的商家提供很多新奇的产品，如果你发现有些产品在你准备创业的地区是买不到的，而且很多人对这些产品非常感兴趣，这也许可以给你提供一个企业构思。
- 你也可以利用各类网络即时通信软件和交流平台。在这些软件和平台里，有数量极其庞大的人群每天都在发布和传递各种需求和供应方面的资讯，这些资讯也许可以帮助你产生一些企业想法。

记住

互联网不仅可以帮助你产生很多企业想法，而且也可以为你的企业提供创业场所和销售渠道。不过，你还要记住利用互联网创业同样有风险。

● 你也可以将互联网这一平台与上面讲述的其他产生企业想法的方法结合起来使用。例如，你准备利用自己的烹饪技能创办一家小餐馆，但是不知道到底创办一家什么样的餐馆比较好，你就可以利用互联网了解一下近期人们对餐饮的偏好，同时也可以了解一些关于开办餐馆的相关信息。

练习

花一些时间到互联网上查询相关企业信息，并用以下方式记录。

获取到的有价值的信息	企业构思
网站 / 通信软件 / 交流平台：________________	
需求方面的信息： ________ ________ ________ 供应方面的信息： ________ ________ ________ ________ ________	________ ________ ________ ________ ________ ________ ________ ________ ________ ________
网站 / 通信软件 / 交流平台：________________	
需求方面的信息： ________ ________ ________ 供应方面的信息： ________ ________ ________ ________ ________	________ ________ ________ ________ ________ ________ ________ ________ ________ ________

续表

获取到的有价值的信息	企业构思
网站 / 通信软件 / 交流平台：________________	
需求方面的信息： ________________ ________________ ________________ 供应方面的信息： ________________ ________________ ________________ ________________ ________________	________________ ________________ ________________ ________________ ________________ ________________ ________________ ________________ ________________ ________________
网站 / 通信软件 / 交流平台：________________	
需求方面的信息： ________________ ________________ ________________ 供应方面的信息： ________________ ________________ ________________ ________________ ________________	________________ ________________ ________________ ________________ ________________ ________________ ________________ ________________ ________________ ________________

记住

一个好的企业想法永远是企业成功的基础。努力确定适合你的企业想法是很值得做的一件事情。

六、企业想法一览表

回顾一下到目前为止你做过的所有练习，选出适合你的企业想法并把这些想法写在下面练习的表格里，这样就为你计划创办的企业准备了一张企业想法一览表。

如果你做其他练习时产生了新的企业想法，你也可以将想法加在这张一览表里。

练习

我的企业想法一览表

企业想法	解释

续表

企业想法	解释

小结

你可以通过以下方法产生你的企业想法：

- 头脑风暴法。
- 调查你准备创业地区的企业情况。
- 调查你准备创业地区的环境。
- 利用经验。
- 利用互联网。

头脑风暴法是打开你的思路并帮助你产生很多不同想法的方法。你可以从一个词语或一个题目开始，将进入自己脑海中的所有想法都写下来。你可以一直写下去，能写多少就写多少，即便某些想法乍看上去很奇怪或不切实际。好的企业想法往往源于异想天开！

头脑风暴法也可以用来思考与一个特定产品相关的产业，这种头脑风暴技巧的变化被称为结构性头脑风暴法。这种方法不是让你从任意一个词语开始，而是从一个特定的产品开始，然后沿着“四条线”的方向尽力想出所有相关的企业。

- 制造线——与该产品制造相关的企业。
- 销售线——与该产品销售相关的企业。
- 服务线——与该产品服务相关的企业。
- 副产品线——与该产品的副产品间接相关的企业。

你也可以到你准备创业的地区走一走、看一看，了解你准备创业的地区已经开办了哪些类型的企业，分析一下你在当地市场中能否找到生存空间。

你还可以调查并分析你准备创业地区的所有资源和机构，看看能否从中发现一些有价值的信息，从而产生好的企业想法。

此外，你应该阅读报纸、期刊、产品目录和书籍等，从中发现有用的信息，从而产生一些企业想法。你还应该经常参加商品展销会，以便获得更多的灵感。

你还可以分析你自己的经历和别人的经历，以便产生新的企业想法。认真倾听别人诉说的经历，尽可能与更多的人交谈，包括来自不同地方、不同性别、不同年龄、不同民族和不同社会阶层的人，问问这些人在寻找他们想要的产品或服务时遇到过哪些问题。

最后，你还可以利用互联网发现市场需求，从而产生更多的企业想法。

在企业想法一览表中写下你产生的所有想法，并解释每一个想法，这样你可以记住所有的细节。下一步，筛选你的企业想法，并从中选择一个最适合你的想法。

第四章　筛选并分析出最好的企业想法

一、筛选你的企业想法

到目前为止，你已经有了10个甚至超过20个可能的企业想法，下一步的任务就是努力把这张企业想法一览表中的想法减少到3~6个，只留下你认为最适合你的那几个企业想法。

你要认真思考每一个想法，并从中选出最适合你的企业想法。也许你对企业想法一览表中列出的企业的很多方面还不了解，你可以从以下四个方面着手寻找答案，从而做出准确的选择。

1. 顾客

- 谁将是这家企业的顾客？
- 顾客的数量足够多吗？
- 顾客有能力购买这种产品或服务吗？
- 顾客愿意到你的企业购买产品或服务吗？

2. 竞争对手

- 你要创办的企业是你准备创业地区同类企业中唯一的一家吗？
- 如果有其他类似企业，你如何才能在与它们的竞争中获得成功？

3. 资源和要求

- 你如何才能提供顾客需要的高质量的产品或服务？
- 你从哪里获得资源来创办这家企业？
- 你从哪里得到创办这家企业的建议和信息？
- 企业需要设备、厂房或合格的员工吗？
- 你认为你能够筹集到满足这些要求所需要的资金吗？

4. 你的技能、知识和经验

- 你对这家企业的产品或服务了解多少？
- 你有哪些技能、知识和经验能够帮助你经营这家企业？
- 你为什么认为这家企业会赢利？
- 你的素质和能力适合经营这家企业吗？

陈君女士的经验（二）

陈君女士在使用了头脑风暴法并收集了她所在地区的企业信息后，产生了很多企业想法。从个人情况出发，她选出了她认为自己能做且当地居民可能需要的6家企业：

- 蜡烛制作企业。
- 快餐服务公司。
- 便宜时装店。
- 老人和病人家庭护理机构。
- 电影院。
- 垃圾回收与处理企业。

以下是她筛选这些想法的过程。

我的企业想法一览表

企业想法	解释
蜡烛制作企业	● 我上小学时做过蜡烛，而且当时我很喜欢这项工作，我知道如何制作蜡烛。但是，商店里卖的蜡烛很便宜，要想使蜡烛更便宜可能有困难，利润会很低。现在人们用蜡烛的机会越来越少了。 ☒

续表

企业想法	解释
快餐服务公司	● 我了解并喜欢烹饪。 ● 当地没有其他人做这行，不存在竞争问题，而且我很清楚人们需要什么，愿意付多少钱，我能赚到多少钱。 ● 创办时不需要太多投资。 ● 送餐量大时可能会很累。 ● 我喜欢与很多人打交道。 ☑
便宜时装店	● 我曾经在一家服装店工作，在流行服装款式的选择方面很有眼光，而且我知道如何辨别服装的质量，人们总是夸奖我的着装。 ● 当地没有其他便宜时装店，我可以让我的小店里的服装既时髦又便宜。 ● 有很多顾客想穿漂亮衣服但又买不起高档服装。他们就是我的潜在顾客，从调查结果看，这个群体人数多，所以我很看好这家时装店的市场前景。 ● 我真的很喜欢经营一家时装店，既能与人打交道，又能接触到时尚的东西。 ● 在今后十年中，我也许还能在其他城镇开更多的时装店。 ● 我需要调查一下租一家店面要花多少钱。 ☑
老人和病人家庭护理机构	● 我的姐姐是一名护士，她可以提供大量的专业方面的帮助。 ● 当地确实需要这种服务，很多人要上班，他们没有时间照看家里的老人和生病的亲人，而当地目前还没有这样的企业。 ● 我可以雇用许多当地妇女来提供这种服务。 ● 我经常照看病人。 ● 我愿意帮助其他人。 ☑
电影院	● 我喜欢看电影，但当地没有电影院。 ● 我没有相关经验。 ● 创办电影院投资很大。 ● 可能会有很多顾客，不过看电影比较贵，从当地人均消费水平来分析，很多人不一定去看。 ☒
垃圾回收与处理企业	● 我认为这种企业很好经营。 ● 我的一个朋友在市里的垃圾回收站工作过，因此，他可以给我很多办这类企业的建议，也许他还能成为我的合作伙伴。 ● 应该有很多顾客。 ● 很多人抱怨他们不知道该把垃圾倒在哪里，市政工人从来不到当地收垃圾。 ● 也许市政府会与我签合同。 ● 垃圾回收与处理需要的车辆很贵，还需要雇用司机和很多员工。 ☒

陈君女士对选出的6个企业想法进行了认真的对比分析，并选择了以下3个想法做进一步分析：

- 便宜时装店。
- 快餐服务公司。
- 老人和病人家庭护理机构。

练习

请按以下步骤对第43页“我的企业想法一览表”中的想法进行筛选。

1. 看一遍你的企业想法一览表，并划掉你不再感兴趣的想法。

2. 仔细看一遍并按照第46页的每一个问题逐一分析剩下的想法，将剩下的这些想法和你的优势与劣势填写在相应的空白处（如页面不够，可自己添加）。

我的企业想法一览表

企业想法	优势	劣势

3. 认真思考你填写的企业想法，分析并确定3个最适合你的企业想法，在这些想法旁边画“√”，在其他想法旁边画“×”。

4. 将3个最适合你的企业想法写在下面。

如果在后面的练习中你发现所选择的这3个想法有问题，你可以随时返回来再做一遍这项练习。

二、分析你的企业想法

现在，你已经将你认为最适合的企业想法减少到3个，你还需要收集关于这些想法的更多信息。你的目标是分析影响你接受或放弃一个企业想法的各种因素。以下是你可以用来分析企业想法的两种方法：

- 实地调研。
- SWOT分析。

1. 实地调研

在实地调研过程中，通过与顾客、供应商和企业界人士的交谈，你能够收集到那些影响你的企业想法的因素。你可以安排非正式的讨论并进行观察，或者安排正式的访问和会谈。虽然访问比较费时间，但这项工作对于分析你的企业想法是非常有意义的，而且在实际创业过程中，你在访问过程中交往的那些人很可能会帮到你。

实地调研时你要关注以下几个要素：

（1）交谈对象

与谁交谈，这取决于你的想法或调研的领域。如果你考虑创办一家零售店，你就需要与其他商店的老板交谈，不论他们是不是你的竞争对手。你还可以到另一个地区与你的间接竞争对手交谈。此外，你还需要与你将来的供应商交谈，以便查明价格、库存和运输等情况。

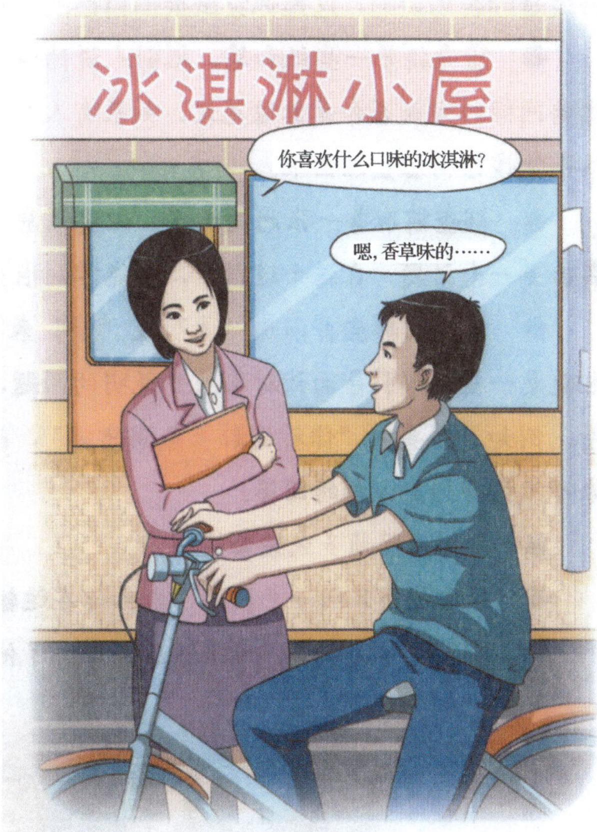

如果你考虑生产一种产品，你就需要了解这种产品的制作过程及其对设备和厂房的要求。你应该与你的原料供应商交谈，还应该与那些卖给你工具或设备的人交谈。

无论你有什么想法，你都必须与潜在顾客交谈，顾客的看法对于你正确判断自己的企业想法至关重要。你需要问自己有关企业想法的第一个问题就是，谁会购买你的产品或服务？换言之，谁将是你的顾客？年轻人、中年人还是老年人，富人还是穷人，男人还是女人？他们来自城市还是来自农村？然后，你必须找一些潜在顾客并与他们交谈。通过与不同类型的人交谈，力求获得不同顾客的代表性信息。

如果你的产品面向所有人群，你一定要与各类人士交谈，不论他是男人还是女人，是年轻人、中年人还是老年人，是富人还是穷人。如果你准备向某一类顾客销售产品或服务，如中年妇女等，你应该尽量去发现她们当中的不同之处（不同的民族、职业，居住在不同的街区等）。你至少要与10位顾客交谈。交谈过程中，要记录他们的详细情况（年龄、性别、收入水平等）。

此外，在交谈过程中，你要关注关键信息提供者。这些人对你计划进入的企业领域知之甚多，或者对你的潜在顾客非常了解。他们可能是大公司的采购人员，或是一些机构的行政人员，或是政府部门的工作人员。他们也可能是大公司的经理，了解市场的总体情况，或是一些社会团体的工作人员。如果你能接近其中一个关键信息提供者，他们就有可能帮助你引见更多的关键信息提供者。

（2）面谈技巧

面谈过程中你要正面介绍你的企业想法，说明你为什么认为你提供的产品或服务就是顾客需要的。这是你尝试推销自己的企业想法的第一次机会。

- 随身携带一些纸和笔，把别人说的话记下来，尽量不要用本子记录。当然，记录前你要问问对方是否介意你做笔记，如果有人介意，你应努力用头脑记住他们说过的话，然后尽早把谈话内容整理出来。
- 调查前准备一张问题清单，但要注意，尽可能保证调查过程顺畅，可以用一个话题引出另一个话题。在这个过程中，你能学到很多东西。
- 不要问那些可以用“是”或“否”来简单回答的问题，而要问一些开放式的问题，也就是一些能够引导面谈对象展开说明的问题，比如什么、为什么、如何、谁、哪里、何时等。例如，不要问“你对这种产品满意吗”，而要问“你对这种产品的满意度如何”，这样你可能会得到更详细的回答。
- 别担心问题多或频繁提问。
- 每次提问只问一个问题，例如你在运输方面花了多少钱。
- 重复对方的回答，确保你正确理解了他们所说的话。

（3）提问内容

下面表格中列出的问题可以帮助你通过提问收集到有价值的信息。

交谈对象	提问内容	注意事项
顾客	● 你在哪里购买过这种产品或服务？ ● 你为什么从那里购买？ ● 你多长时间购买一次？什么价格？服务质量如何？ ● 你觉得有什么需要改进的地方吗？（样式、包装等）	● 出示你自己的产品或服务的样本或展示图片可能会很有用。 ● 最好问一些能引发人们认真思考的问题。

续表

交谈对象	提问内容	注意事项
顾客	● 如果是新上市的产品或服务，可以问顾客更看重哪些因素，如样式、质量、包装、服务、地点、送货、价格等。	● 在询问价格时，最好给出一些具体的价格，并请顾客选出他们认为最合理的价格。
竞争对手	● 你认为人们应多长时间购买一次这样的产品或服务？买多少？ ● 有多少竞争对手已经在提供这种产品或服务？ ● 对这种产品或服务的需求数量是不变的还是在不断变化的？ ● 你认为人们还需要什么产品或服务？其未来趋势如何？	● 一般情况下，竞争对手是不会轻易回答你的问题的。你可以尝试到他们的企业里进行消费或者观察。 ● 你可以去另一个地方与你的间接竞争对手交谈。 ● 实力雄厚的竞争对手常常对市场的了解更全面。
供应商、批发商	针对贸易和服务企业的供应商： ● 供应有保障吗？ ● 容易拿到货吗？ ● 能拿到什么质量、价格的货？ ● 需要多大的库存量？ ● 对产品的包装、维护有什么要求？ 针对原材料批发商： ● 购买一定数量的原材料要付多少钱？ ● 供应有保障吗？ ● 还有谁供应这些原材料？ ● 这些原材料在库存、运输或使用方面有哪些特殊要求？	● 专门销售相关产品的市场和批发市场的信息比较集中、全面。 ● 针对规模大的或规模小的供应商和批发商都应该进行调研。
其他关键信息提供者	● 你认为市场的需求量有多大？需求量的变化趋势是怎样的？ ● 你认为促使人们购买的最重要的因素是什么？ ● 你认为这个行业的发展趋势如何？ ● 人们对产品有哪些方面的需求？这些需求是不是要么根本无法实现，要么很难实现？ ● 你认为人们还需要什么？	● 其他关键信息提供者可能是大公司的经理或采购人员、单位的行政人员、你的主要客户、政府部门人员、非政府组织人员、行业专家等。

练习

你已经从企业想法一览表中筛选出了3个想法。从你认为最可行的一个企业想法开始，你需要通过实地调研收集相关信息，越多越好。制订你的实地调研计划，写在下面的横线上。

- 企业想法：

- 我需要查明的情况：

- 我要与谁交谈：

- 我要问的问题：

去收集这些信息，然后为第二个企业想法制订另一份实地调研计划。在完成了第二个企业想法的实地调研后，接着做第三个。当你有些经验后，这项工作就会越做越快了。

记住

在进行实地调研时，除访谈法外，你还可以采用观察法、实验法、问卷法等方法来收集那些影响你的企业想法的因素。

2. SWOT分析

SWOT 由 Strength（优势）、Weakness（劣势）、Opportunity（机会）、Threat（威胁）四个英文单词的第一个字母组合而成。SWOT 分析即优势、劣势、机会、威胁分析法。这种分析能够帮助你集中考虑每个企业想法可能存在的问题以及潜在的优势。

（1）企业内部

为了分析一个企业想法的优势和劣势，你应该了解你计划创办企业的内部情况，包括这个企业的优势是什么、劣势是什么等。优势和劣势是存在于企业内部的你可以改变的因素。

- 优势是你创办企业的有利因素。例如，你计划销售质量更好的产品或服务，或是你的企业的位置非常有利，或是你的员工技术水平很高。
- 劣势是你创办企业不太擅长的方面。例如，因为你的企业远离供应商，你不得不支付更多的运输费用，从而使你的产品或服务的成本很高，价格比竞争对手的贵。

（2）企业外部

为了分析你计划创办的企业可能面临的机会和威胁，你要了解这个企业的外部情况，即外部环境，包括它们在哪些方面对企业有利，哪些方面会对企业产生负面影响等。机会和威胁是存在于企业外部你无法施加影响的因素。

- 机会是周围存在的对你计划创办的企业有利的潜在发展因素。例如，越来越多的游客来你准备创业的地区观光，你计划生产的产品的需求量可能会随之增加。
- 威胁是可能发生的会对你计划创办的企业产生负面影响的事情。例如，你的企业想法太简单，开办的门槛很低，其他人也可能会在这个地区创办同类型的企业，这样就减少了你的市场份额。

陈君女士的经验（三）

以下是陈君女士依据自己在东平镇实地调研获得的各种信息对自己创办一家便宜时装店的企业想法所做的SWOT分析。

<table>
<tr><td colspan="2">SWOT 分析

企业想法：便宜时装店</td></tr>
<tr><td colspan="2">企业内部</td></tr>
<tr><td>优势</td><td>劣势</td></tr>
<tr><td>● 陈君很喜欢与人打交道，有很好的营销技能 *
● 陈君曾经在一家服装店工作过 *
● 陈君在时装款式的选择方面很有眼光 *
● 陈君计划选择的经营地点离供应商和潜在顾客都很近 *</td><td>● 店面的租金很高 *</td></tr>
<tr><td colspan="2">企业外部</td></tr>
<tr><td>机会</td><td>威胁</td></tr>
<tr><td>● 当地很多潜在顾客想穿漂亮衣服但又买不起高档时装 *
● 近几年当地物价一直在上涨，因此，更多的人会考虑购买便宜的时装 *</td><td>● 附近计划开办一家周末市场，当地潜在顾客在那里可以买到便宜的时装 *</td></tr>
<tr><td colspan="2">注：星号（*）表示特别重要的影响因素。</td></tr>
<tr><td colspan="2">优势比劣势多吗？ ☑是 □否
优势的星号（*）比劣势的多吗？ ☑是 □否
机会比威胁多吗？ ☑是 □否
机会的星号（*）比威胁的多吗？ ☑是 □否
陈君将如何应对劣势和威胁？
● 陈君要花更多的时间找一个租金较低的店面。
● 陈君可以在周末市场中摆个时装摊，并利用这个时装摊为时装店做广告。</td></tr>
</table>

陈君女士在对自己的3个企业想法都做了SWOT分析后，决定继续为便宜时装店制订一份企业计划，因为创办便宜时装店的优势多于劣势，而且一些劣势很容易被转化。与此同时还存在不少机会，因为当地人对便宜时装的需求会随着物价的上涨而继续增加。

记住

如果对于有的劣势和威胁你的企业无法应对，就说明你的企业想法存在很大的风险，你要三思而后行。

练习

现在分别对你选择的 3 个企业想法按以下步骤做 SWOT 分析。

1. 在第一张 SWOT 分析表上写下你选择的 3 个企业想法中的第一个想法。

2. 认真考虑该企业内部的优势和劣势。这些优势和劣势可能涉及个人素质、资金、与产品有关的营销、企业地点、价格、销售等方面的问题，把这些问题都写下来。

3. 考虑该企业的外部环境。在企业外部环境中，哪些是机会？哪些是威胁？在实地调研中，与你交谈的关键信息提供者也许已经向你指出了这些机会和威胁，你要把这些信息都记下来。

4. 看一看你已经写了哪些内容，在自己认为很重要并且会对企业产生很大影响的内容处用星号（*）标注。

5. 现在数一下这些星号，回答 SWOT 分析表下面的问题。

6. 问你自己：

- 我能够继续加强这家企业的优势并增加机会吗？
- 我能够克服这家企业的劣势并避免威胁吗？

7. 考虑你将如何克服这家计划创办的企业可能存在的劣势和威胁，在 SWOT 分析表下面的横线处写出你思考的结果。

SWOT 分析

企业想法：________________

企业内部	
优势	劣势

企业外部	
机会	威胁

优势比劣势多吗？	□是	□否
优势的星号（＊）比劣势的多吗？	□是	□否
机会比威胁多吗？	□是	□否
机会的星号（＊）比威胁的多吗？	□是	□否

我将如何应对劣势和威胁？

8. 用第二张 SWOT 分析表对你的第二个企业想法进行分析，重复上述 2～7 步。以此类推，用第三张 SWOT 分析表对你的第三个企业想法进行分析。

<table>
<tr><th colspan="2">SWOT 分析

企业想法：________________</th></tr>
<tr><th colspan="2">企业内部</th></tr>
<tr><th>优势</th><th>劣势</th></tr>
<tr><td>______
______
______</td><td>______
______
______</td></tr>
<tr><th colspan="2">企业外部</th></tr>
<tr><th>机会</th><th>威胁</th></tr>
<tr><td>______
______
______</td><td>______
______
______</td></tr>
<tr><td colspan="2">优势比劣势多吗？ □是 □否
优势的星号（*）比劣势的多吗？ □是 □否
机会比威胁多吗？ □是 □否
机会的星号（*）比威胁的多吗？ □是 □否
我将如何应对劣势和威胁？
______
______
______
______
______
______
______
______
______</td></tr>
</table>

SWOT 分析

企业想法：________________

<table>
<tr><th colspan="2">企业内部</th></tr>
<tr><th>优势</th><th>劣势</th></tr>
<tr><td></td><td></td></tr>
<tr><th colspan="2">企业外部</th></tr>
<tr><th>机会</th><th>威胁</th></tr>
<tr><td></td><td></td></tr>
</table>

优势比劣势多吗？	□是	□否
优势的星号（*）比劣势的多吗？	□是	□否
机会比威胁多吗？	□是	□否
机会的星号（*）比威胁的多吗？	□是	□否

我将如何应对劣势和威胁？

9. 当你完成对 3 个企业想法的 SWOT 分析后，认真比较这些分析结果，选择一个优势和机会更多，以及你认为最适合创办、最有可能成功的企业想法。

三、环境影响评估

1. 企业对环境的影响

所有的企业都是我们生存环境中的一部分，企业发展与环境息息相关。环境由物质（如水、空气和土壤）、生物（如植物和动物）以及社会成分（像你我一样的人）构成。

下图表明了企业对环境产生的影响。企业花钱从环境中开采原材料和获取其他资源，在把这些资源转变为产品的过程中对环境产生影响，最后还要在环境中与顾客进行商品交易。

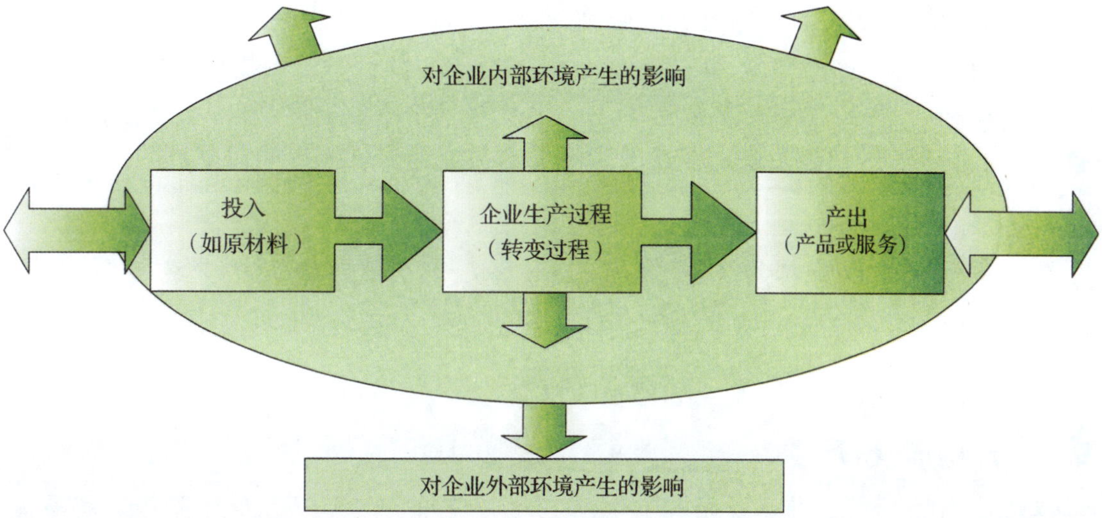

图中将内部环境和外部环境区分开来：

- 企业内部环境是指企业自身的生产经营环境。例如，企业员工是其内部环境的一部分，会受到生产过程中职业安全与卫生风险的影响。
- 企业外部环境是指与企业相关的所有其他物质、生物和社会成分。例如，企业的顾客属于企业外部环境中的社会成分，他们因为消费企业的产品而向企业付钱。

一家企业对其环境的影响既可以是积极的，也可能是消极的。例如，一方面，企业向人们提供了就业机会，增加了人们的收入，对环境产生了积极影响；另一方面，企业会开采大量的非再生资源，或在生产过程中污染环境，可能会对环境产生负面影响。

为了保证你计划创办的企业能够长期生存和可持续发展，你必须保证将企业对环境产生的负面影响降到最低程度。

如果你无视你的企业对环境产生的负面影响，你将会遇到很多问题。如果你的生产过程给你的员工带来职业安全与卫生方面的隐患，他们可能会拒绝为你工作；如果你的企业不遵守环境保护方面的法律法规，政府有关部门可能会拒绝给你的企业注册；如果你的企业污染了当地的环境，你的邻居和整个社区（其中有你的顾客）可能会联合起来抵制你。

此外，如果你的企业过度开采稀有自然资源，你很快就会遇到生产所需原材料缺乏的问题。例如，假设你创办了一家商业性的渔业企业，与其他渔民一起过度捕捞近海水域的渔业资源，那么你的捕捞量将会逐渐减少，你的企业利润会因捕捞量的减少而降低。因此，可持续性资源管理是企业长期生存的关键。

2. 环境影响评估的目的

环境影响评估帮助你确定企业可能会对环境产生的负面影响。评估企业内部环境的影响涉及企业内部管理，你要使你的企业生产过程中的职业安全与卫生符合国家相关法律法规的要求。评估企业对外部环境的影响涉及范围较广，是一项非常重要的工作，你要保证你的企业排放于环境中的污染物质达到合格标准。你要具体说明计划采取哪些措施将企业对环境产生的负面影响降到最低程度。

下面所建议的环境影响评估方法很简单，可以帮助你快速筛选出你的企业想法。

- 核对你计划创办的企业是否在国家环保部门交由当地环保部门审批的企业经营范围名单内。
- 具体说明你的企业可能造成的污染，如水污染、固体垃圾污染、空气污染、噪声污染等。
- 你是否有能力治理企业可能造成的污染。
- 核准你的企业污染是否在国家规定的参数范围内。

3. 对你计划创办的企业进行环境影响评估

下面这张环境影响评估表将帮助你分析你计划创办的企业对环境产生的影响。

环境影响评估表

序号	环境影响类型	有	没有	计划采取的环保措施
1	水污染			
2	固体垃圾污染			
3	空气污染			
4	噪声污染			
5	其他			

在你填写完环境影响评估表后，请再次思考你的评估是否符合国家相关规定。国家对保护环境高度重视，相关法律法规不断完善和更新，你要随时关注和了解与你的企业相关的环保要求。此外，你也可以根据你的企业的实际情况，寻求当地环保部门和相关专家的帮助，听取意见或建议。

小结

认真思考你产生的所有企业想法，通过回答顾客、竞争对手、资源和要求，以及你的技能、知识和经验四个方面的问题，选出最适合你的几个企业想法。

然后你要针对这几个想法，先进行实地调研，通过与顾客、竞争对手、供应商和企业界人士的交谈，你能够收集到那些影响你的企业想法的因素，再使用 SWOT 分析法对每个企业想法从企业内部与外部两个方面进行机会与威胁、优势与劣势的比较和分析，帮助自己做出最后的决定。

记住：为了保证你计划创办的企业能够长期生存和可持续发展，你必须保证你计划创办的企业在国家许可审批范围标准内将企业对环境产生的负面影响降到最低程度。如果你无视你的企业对环境产生的负面影响，你将会遇到很多麻烦。

第五章 你自己的企业想法

祝贺你！

你已经完成准备创办自己企业的第一个步骤。现在你可以在后面的空格里撰写你的企业想法小结。

在你完成自己的企业想法小结后，你可以继续做下一步的工作，即创办你自己的企业并准备一份企业计划书。“创办你的企业”（Start Your Business，SYB）培训项目可以帮助你做这项工作。一旦你创办了企业，“改善你的企业”（Improve Your Business，IYB）培训项目可以帮助你提高企业生产效率和增加利润。

一、如果你仍然无法做出决定

如果你发现自己仍然不能确定哪一个企业想法最适合自己，那么你还需要做更多的工作。

二、是什么让你无法下定决心

- 你在最后3个企业想法中无法选择吗？

如果这是你不能下定决心的原因，你可以与这些企业所在领域的一些关键信息提供者进行交谈，在做出选择之前得到更多的建议和信息。填写本教材后面所附的行动计划会在这方面给你帮助。

- 不能确定你是否真的适合创办一家企业。

如果你担心这个问题，返回去看看第7～14页的自我评价练习，再次考虑里面的表述和你的答案。也许你更适合去就业，而不是创办自己的企业。很多就业的人也取得了成功并感到十分满足。你可以选择一种更适合你的方式。

- 你对筛选出来的3个企业想法感到不满意吗？

如果你真的想创办自己的企业，但是又没有发现非常适合的企业想法，你可以休息一段时间，经过一周或更长时间后再次阅读本教材，重新开始寻找其他企业想法。

在你发现最适合你的企业想法之前，你常常需要花更多的时间，做更多的工作，得到更多的信息。当你朝这个方向迈进时，你会积累更多的技能、知识和经验。所有这一切都会提高你作为一名成功企业家的能力。

练习

我的企业想法是：

企业类型：

□贸易企业　□制造企业　□服务企业　□农、林、牧、渔企业

□其他（请说明）________________________

我的产品或服务将是：

我的顾客将是：

我能够满足顾客的需要是：

我所具备的经营这类企业的技能、知识和经验：

我选择了这个企业想法，是因为：

产生你的企业想法行动计划

将采取的行动	如何去做	由谁来做	何时去做	预期结果